MARKETING DE AFILIADOS

10 Ultra Negocios + Paso a Paso para ser Experto en Marketing de Afiliados + Estrategias para ganar $3,500 en el 1er Mes.

INDICE

Qué es el Marketing de Afiliados y por qué es interesante para tu negocio

Con la evolución de Internet, nuevos formatos de marketing aparecen con el objetivo de ampliar las formas y canales para llamar la atención del consumidor. Es aquí donde el Marketing de Afiliados surge como una alternativa interesante para quien desea trabajar con ventas en Internet

Además también puede ser una gran herramienta para Productores de bienes o servicios que desean incrementar la promoción de sus productos o servicios online.

Si todavía no estás familiarizado con el término "Marketing de Afiliados" o quieres saber lo que estás perdiendo por no adoptar esta estrategia, ¡estate atento a este libro!

¿Qué es Marketing de Afiliados?

El Marketing de Afiliados funciona de la siguiente manera: el **Afiliado** promociona el producto de un emprendedor/empresa a cambio de una comisión por cada venta o acción realizada.

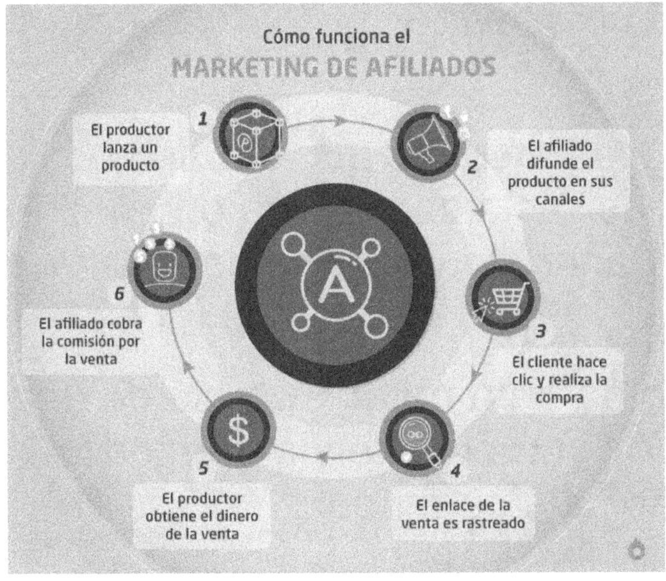

A pesar de parecer una novedad, este modelo de negocios surgió en la década de los 90, cuando Amazon, gigante estadounidense del segmento minorista, comenzó a poner a disposición el servicio para quien quisiera divulgar los productos disponibles en la tienda.

Todo lo que necesitaba hacer era crear una base de registros y esperar que los Afiliados hicieran todo el trabajo de divulgación. Si la estrategia resultara en ventas, ¡genial! Si no, no gastaban ningún centavo.

Para las personas que tenían habilidades persuasivas, esa era una oportunidad para ganar dinero **trabajando en casa**.

Como da para notar, se trata de una relación comercial en la que todo el mundo sale ganando:

- Los Afiliados consiguen rentabilizar sus sitios web, blogs y redes sociales, a través de la venta de productos de

terceros, sin tener que tener
una gran idea o el trabajo de
crear un producto.

- Los **Productores** ganan
  diversos canales de distribución
  y así consiguen impactar más
  clientes y, consecuentemente,
  efectuar más ventas.

- E incluso los clientes, que
  pasan a tener más canales para
  buscar sobre productos y tomar
  una decisión de compra más
  asertiva.

Tipos de promoción para el Marketing de Afiliados

Existen diversos formatos para
programas de Afiliados. Es
responsabilidad del productor decidir cuál

es el más adecuado para su producto y para sus objetivos de negocio.

A pesar de tener similitudes entre sí, el marketing de Afiliados orientado hacia la generación de leads es diferente de aquel enfocado en la conversión, aunque ambos apuntan al **Retorno Financiero**. A continuación, explicamos cada uno de los diferentes **Programas de Afiliados**.

Coste por Clic (CPC)

En este tipo de programa, el Afiliado es remunerado por clic, o sea, gana cada vez que alguien pulsa en el banner, pop-up, o cualquier publicidad que esté en exhibición en su blog, sitio o redes sociales. En ese caso, la remuneración del Afiliado dependerá directamente del desempeño de la campaña del anunciante.

Coste por Acción (CPA)

En el caso del coste por acción, el Afiliado sólo es remunerado si los usuarios hacen clic en la publicidad y realizan alguna acción en la **página de destino del anuncio**, que puede ser realizar un registro, solicitar un presupuesto o hacer una compra.

En estos casos, no basta con publicar la publicidad, el Afiliado tendrá que utilizar su influencia para mostrar los beneficios del producto y convencer a las personas de que esa oferta es confiable.

Coste por Mil Impresiones (CPM)

En el formato Coste por mil impresiones (CPM), el anunciante le paga un valor fijo al Afiliado cuando el banner publicitario alcanza mil visualizaciones. Es importante resaltar que el número de impresiones es equivalente a la cantidad de pageviews del blog, partiendo del supuesto de que quien navega en una página ya está siendo impactado por la publicidad que está allí.

Por lo tanto, el CPM es interesante para el Afiliado que tiene muchos accesos, pues será remunerado de manera recurrente, independientemente del número de visitantes que haga clic en el banner.

Coste por Venta (CPV)

En este modelo, el Afiliado sólo recibe la comisión cuando el enlace compartido por él genera ventas y es la mejor opción para el pequeño Productor.

En Hotmart, por ejemplo, las ventas realizadas por Afiliados se identifican a través de **HotLinks**, que son enlaces exclusivos generados por la plataforma, cada vez que alguien solicita su afiliación a un producto. Este vínculo permite que las comisiones se procesen automáticamente en el momento de la compra.

Por lo tanto, si pretendes convertirte en Afiliado, pero tienes miedo de ser perjudicado de alguna manera, puedes estar tranquilo en cuanto a eso.

Canales que pueden ser usados para promocionar un producto

Para ser un Afiliado exitoso no es necesario que tengas un canal exclusivo para ello, aunque es altamente recomendable que lo tengas si quieres alcanzar a tus consumidores dondequiera que estén. A continuación, algunos canales que se pueden utilizar para la divulgación y la venta de productos.

Sitio web o blog

La principal ventaja de tener un blog/sitio web es la libertad editorial que el Afiliado tiene para escribir, además de la cantidad de opciones que puede utilizar para dejar la página con la cara de su audiencia, a diferencia de las redes sociales, que tienen un diseño fijo e incluso limitación de caracteres.

Tener un blog también es útil para quien hace muchos comentarios sobre productos, pues le permite utilizar argumentos visuales y escritos para persuadir a sus lectores y reforzar su **autoridad** en ese tema.

Google Ads

Google Ads es uno de los canales más importantes en los medios digitales, además es uno de los canales más efectivos cuando se necesita vender.

Mediante Google Ads, el afiliado podrá alcanzar a su público objetivo por medio de anuncios relevantes en el tiempo y el lugar correctos.

Sin embargo, Google Ads no solo ayuda en la venta directa, sino también ayuda mucho en la generación de tráfico e incluso en objetivos de reconocimiento de marcas mediante la extensa red display con la que cuenta que sirve de complemento a la red de búsqueda que se encarga de mostrar anuncios a los interesados que buscaron dicho término.

Redes sociales

Las **redes sociales** son los canales más utilizados para divulgar productos y servicios, y pueden traer resultados expresivos en ventas, siempre que sean utilizadas de la manera correcta.

Las principales redes utilizadas con este propósito son Facebook (que recientemente superó la marca de 2.000 millones de usuarios en todo el mundo), Twitter, Instagram, Pinterest y Youtube.

Debido a su alcance, son excelentes canales para quienes desean ser reconocidos. Sólo tienes que echar un vistazo rápido a tu feed para ver decenas de perfiles de influyentes digitales con más seguidores que algunas celebridades y artistas.

E-mail marketing

El Afiliado que posee una base sólida de correos electrónicos tiene la oportunidad de construir una relación a **largo plazo con sus leads**, entregar contenido de calidad a esas personas, e incluso convencerlas a hacer la compra.

Se trata de una estrategia simple y al mismo tiempo eficaz, pues muestra a las personas que te acompañan que no estás interesado sólo en hacer la venta, sino en agregarles valor a su jornada de compra, profundizando los conocimientos que esos usuarios tienen sobre tu producto o solución. Aprovecha para leer también nuestro post sobre estrategia de **email marketing**.

Pero recuerda: antes de elegir un canal para divulgar productos, es necesario tener conocimiento de tu público y de cómo busca información. ¿Quieres llegar a personas que valoran textos más densos e investigan mucho antes de hacer una compra? ¡Tener un blog es esencial!

¿Prefiere enfocar en acciones **estacionales** o aprovechar el **hype del momento** para divulgar tus productos? En este caso, las redes sociales pueden servir mejor para tu estrategia, ya que las personas pasan la mayor parte de su día conectadas.

Lo ideal es que inviertas en los canales que concentran la mayor cantidad de potenciales clientes, y conforme tu negocio esté madurando, rastrees más personas para tu divulgación.

¿Qué necesitas para ser un afiliado?

Para ser afiliado es importante entender que existen algunos **tipos de Afiliados**, y todos ellos tienen características distintas, es por tal motivo que debes elegir cuidadosamente cuál se adapta a tu personalidad.

Además de verificar cuál es tu perfil es muy importante que seas disciplinado y comprometido con tus objetivos, esto hará que obtengas los resultados que buscas.

Para ser parte del Programa de Afiliado de Hotmart necesitas cumplir con algunos requisitos:

- Tener documento de identidad.

- Ser mayor de 18 años.

- Contar con un correo electrónico válido.

- Tener una cuenta en la plataforma.

Algunos afiliados además de los anteriores requisitos impulsan sus estrategias con herramientas digitales que ya conocen y han utilizado como por ejemplo sitios web, blogs, cuentas comerciales en plataformas digitales o redes sociales como Facebook Ads o Google Ads.

Es muy probable que con estas herramientas la promoción transmita una mayor confiabilidad, calidad y autoridad, además que facilitan herramientas para la mejor comprensión del producto por el posible cliente.

Paso a paso para ser un afiliado

1. Selecciona un buen Programa de Afiliados

Hay varias empresas que ofrecen Programas de Afiliados, ya sean de productos físicos o digitales. Debes investigar bastante antes de elegir la tuya, para asegurarte de que tu trabajo será bien recompensado.

Hotmart, por ejemplo, está totalmente orientada al mercado de **cursos online**. Si tienes interés en trabajar por Internet, vale la pena echar un vistazo. Una ventaja de la empresa es que mientras las comisiones giran alrededor del 4% al 8% en otras plataformas de Afiliados, las comisiones en Hotmart pueden llegar al 50%, 60% y hasta 80%.

2. Selecciona los productos correctos para promocionar

El segundo paso para convertirse en un Afiliado de éxito es elegir los productos adecuados para tu audiencia. Imagina que tienes un blog sobre confitería. ¿Piensas que a tu **avatar (también conocido como buyer persona)** le apetece un producto sobre recetas de fitness?

Nunca es demasiado repetir: si tus *reviews* no ayudan a resolver los problemas enfrentados por los usuarios, es prácticamente imposible generar ingresos.

También es interesante que conozcas bien los productos antes de anunciarlos, para hacer una publicidad que pase credibilidad. Antes de afiliarte a un producto, pide informaciones sobre el mismo, evalúa la puntuación de los consumidores y pídele al Productor que te envíe una muestra.

Después de todo, ¿te gustaría que alguien te recomendase algo malo, sólo para ganar dinero? ¡A tu audiencia tampoco!

En Hotmart, esta evaluación puede ser hecha por un índice conocido como **Blueprint**, un sistema de puntuación que cualifica a los productos de acuerdo con las informaciones registradas por el propio Productor.

Cuanto más relevantes y detalladas sean las informaciones, mejor puntuado será. Así, aseguramos que sólo los mejores productos sean registrados en nuestra plataforma. Más información sobre Hotmart Blueprint aquí.

3. Enséñale a tu audiencia las virtudes de tu producto

Si tu objetivo con el Marketing de Afiliados es **conquistar unos ingresos recurrentes**, necesitarás enseñarle a tu audiencia las virtudes del producto que estás vendiendo, para que pueda extraer el máximo de la experiencia. Para ello puedes ofrecer materiales ricos como **ebooks**, negociar con el productor un free trial del servicio, entre otras acciones.

Una de las mejores formas de convencer a los posibles compradores sobre la calidad de ese producto es hacer demostraciones, por medio de **webinars** y otras transmisiones online, como periscope, stories y videos cortos en Instagram y Facebook.

En el caso de los webinars, los espectadores también pueden interactuar y hacer preguntas, lo que te ayudará a entender las reales necesidades de este público y así a mejorar tu estrategia de ventas.

4. Trabaja publicidad pagada

La **publicidad pagada** es un camino relativamente corto para alcanzar a tu buyer persona mientras trabajas tu estrategia orgánica.

Pero no basta con invertir dinero en campañas para convencer a los internautas a comprar el producto que estás anunciando. Con el nivel de exigencia que los consumidores tienen hoy, los anuncios deben ser claros sobre esa oferta, además de tener copy e imágenes coherentes.

www.ingramcontent.com/pod-product-compliance
Lightning Source LLC
Chambersburg PA
CBHW060933130726
48001CB00006B/2551